평범한 우리 어린이들을 다음 세대
위인으로 만들어 줄 교과서 위인 이야기!
효리원의 교과서 위인 이야기는 초등학교
교과 과정에 나오는 국내외 위인들을, 우리나라
최고 아동 문학가 53인이 재미있게 동화로 구성했습니다.
지혜와 용기로 위대한 삶을 산 위인들의 이야기는,
어린이들의 마음속에 '나도 할 수 있다.'는
희망의 씨앗을 심어 줄 것입니다!

일러두기

1. 띄어쓰기와 맞춤법 : 초등학교 국어 교과서와 국립국어원의『표준국어대사전』을 기준으로 하였습니다.
2. 외래어 지명과 인명 : 국립국어원의『외래어 표기 용례집』을 기준으로 하였습니다.
3. 이해가 어려운 단어 : ( ) 안에 뜻풀이를 하였습니다.
4. 작가 연보 : 연도와 함께 나이를 표기하고, 업적을 간략히 소개하였습니다. 우리나라 위인은 태어난 해를 한 살로 하였고, 외국 위인은 만 나이로 태어난 다음 해를 한 살로 하였습니다. 정확한 자료가 없는 위인은 연도와 업적만 적었습니다.
5. 내용 구성 : 위인의 삶은 역사적 자료를 바탕으로 최대한 사실적으로 구성하였습니다. 그러나 읽는 재미를 위해 대화 글이나 배경 묘사, 인물의 감정 표현 등에 작가의 상상력을 더했습니다.
6. 그림 구성 : 문헌을 바탕으로 위인이 살던 시대를 충실히 나타내도록 하되 복식의 색상이나 장식, 소품, 건물 등은 작가의 상상으로 그렸습니다.
7. 내용 감수 : 각 분야의 전문가들로 구성된 편집 위원들이 꼼꼼히 감수를 하였습니다.

편집 위원

김용만(우리역사문화연구소장)
교과서에서 만나는 위인들을 중심으로 일화와 함께 그림과 사진을 곁들여 지루하지 않게 읽을 수 있습니다. 술술 읽다 보면 학교 공부에도 많은 도움이 될 것입니다.

신현득(동시인, 전 새싹회 회장)
우리가 자주 듣고 접하는 역사 속 실존 인물들이 자신의 꿈을 이루기 위해 어떻게 노력했는지 깨달아 가면서 우리 어린이들은 한층 더 성숙해질 것입니다.

윤재운(동북아역사재단 연구 위원)
위인전을 읽으면서 어린이들은 시대를 넘어 간접 체험을 할 수 있습니다. 어떻게 살아야 하는지 인생에 대한 동기 부여와 함께 삶이 보다 풍요로워질 것입니다.

이은경(철학 박사, 전북과학대 유아교육학과 교수)
한 사람의 인격과 품성은 어릴 때 형성됩니다. 따라서 초등학교 저학년 때 어떤 책을 읽느냐에 따라 생각의 크기가 달라집니다. 어린이의 미래를 위해 이 책은 꼭 읽어야 합니다.

이창열(하버드 대학교 물리학 박사, 전 국가과학기술자문회의 전문 위원)
세상을 바꾼 위대한 인물의 이야기는 어린이의 인성 및 감성 발달에 큰 영향을 미칠 뿐 아니라 실험 정신과 개척 정신을 길러 줍니다. 용기와 지혜로 세상을 헤쳐 나가는 당당한 어린이를 꿈꾼다면 이 책은 꼭 한번 읽어 보아야 합니다.

정재도(한글학자)
위인으로 일컬어지는 이들은 어떤 생각을 하고, 어떤 삶을 살았을까요? 그들의 흔적을 담은 위인전은 복잡한 현대를 이끌어 갈 우리 어린이들에게 나침반과 같은 역할을 할 것입니다.

조수철(서울대학교 의과대학 소아정신과 교수)
위인전은 시대와 신분, 업적이 다른 위인들의 삶이 다양하고 흥미롭게 구성되어 있어 손쉽게 여러 삶의 모습을 만날 수 있습니다. 용기 있게 고난을 헤쳐 나간 위인의 이야기를 통해 삶의 지혜를 배울 수 있을 것입니다.

남극과 북극을 정복한
위대한 탐험가

아문센

박상재 글 / 이주록 그림

효리원
hyoreewon.com

이 책을 읽는 학부모님과 선생님께

어린이들에게 위인전을 읽게 하는 목적은 무엇일까요?

실제로 살았던 역사 속의 인물을 주인공으로 하여 써 나간 이야기이므로 사실에서 우러나오는 교훈이 풍부하기 때문입니다.

어린이들은 위인들이 살아온 삶을 돌아보는 과정에서 자신이 본받을 만한 모델을 찾을 수 있습니다. 파브르가 어린 시절 뒤프르의 「벌 이야기」를 읽고 세계적인 곤충학자가 된 것이나, 아문센이 존 프랭클린의 「탐험기」에 매료되어 탐험가가 된 것은 유명한 예입니다.

이처럼 어린이들은 위인전을 읽는 과정에서 주인공들이 시련을 딛고 어려움을 헤쳐 나가는 과정을 살펴보며 용기와 개척 정신을 배우게 되는 것입니다.

따라서 위인전을 읽을 때에는 주인공이 어느 시대에 어떤 목적을 가지고 어떻게 살았고, 어떤 고생과 어려움을 극복해 나갔으며, 후세 사람들로부터 존경을 받는 이유가 무엇인지에 유의하며 읽도록 지도하는 것이 좋습니다.

아문센은 남극에서 북극까지, 서반구에서 북반구까지, 배와 개썰매로, 때로는 비행기와 비행선에 몸을 싣고 미지의 세계를 누비고 다녔습니다. 그는 엄청난 추위와 배고픔, 죽음의 공포와 맞서 싸우면서도 용기와 신념을 잃지 않았습니다.

1928년 6월 어느 날, 함께 북극 횡단에 참가했던 이탈리아의 노빌레가 북극 탐험에 나섰다가 실종되었습니다.

그러자 아문센은 비행기를 타고 노빌레를 구조하러 갔다가 영영 돌아오지 않았습니다.

57세의 나이로 세상을 떠난 아문센의 끝없는 도전 정신과 불굴의 용기, 그리고 따뜻한 인간애를 어린이들이 느낄 수 있도록 지도해 주시기 바랍니다.

머리말

남극과 북극을 정복한 위대한 탐험가 아문센은 알려지지 않은 세계에 대한 탐험과 개척으로 한평생을 보냈습니다. 지구의 양쪽 끝인 얼음의 나라 남극과 북극을 차례로 정복하고, 세계 최초로 북극을 가로지르는 횡단 비행에 성공했습니다.

아문센의 훌륭한 점은 수없이 많은 실패를 하면서도 다시 도전하여 꿈을 이루었다는 점입니다.

실패할 때마다 스스로 용기를 가지고 끗끗이 노력한 결과 세계를 놀라게 한 위대한 탐험가가 될 수 있었습니다.

그뿐 아니라 최초로 북자극의 위치를 확인하고 북서 항로를 개척하는 등 인류의 발전에 큰 공을 세웠습니다.

아문센의 굽힐 줄 모르는 용기와 개척 정신은 영원히 빛날 것이며, 어린이들에게 큰 깨달음을 줄 것입니다.

글쓴이 박 상 재

차례

빙산에 갇히다

1872년 7월 16일, 아문센은 노르웨이의 수도인 오슬로 근처 마을에서 어부인 젠스의 셋째 아들로 태어났습니다.

부모님은 아문센을 의사로 키우고 싶었습니다.

그런데 아문센의 나이 열네 살 때 아버지가 갑자기 세상을 떠났습니다. 두 형은 어려워진 집안 형편 때문에 아버지의 친구들 집으로 들어가 살았습니다.

아문센은 어렸을 때부터 책 읽기를 좋아했습니다.

어느 날 그는 존 프랭클린이 쓴 『탐험기』라는 책을 읽고 감

노르웨이의 영웅 탐험가 아문센 흉상

동을 받아 탐험가가 되겠다고 마음먹었습니다.

그는 책이 다 닳아 해질 때까지 읽고 또 읽었습니다.

아문센은 어머니의 뜻에 따라 오슬로 의과 대학에 들어갔지만, 1년 뒤에 어머니가 돌아가시자 다음 해에 대학을 그만두었습니다.

'어머니는 의사가 되기를 원하셨지만 난 내 꿈을 포기할 수 없어.'

아문센은 항해술을 배우기 위해 3년 동안 선원으로 일했습

니다.

열심히 노력한 끝에 마침내 그는 일등 항해사의 자격을 얻게 되었습니다.

1897년 벨기에 정부에서 남극 탐험 계획을 발표하자 아문센은 탐험대 모집에 참가했습니다. 그는 탐험선 벨지카 호의 일등 항해사로 임명되었습니다.

헤이그 항구를 출발한 벨지카 호는 케이프 호른, 남셰틀랜드 섬을 지나면서 해안 측량, 기상 관측 등 여러 가지 과학 연구를 시작했습니다.

그렇게 많은 날이 지나 벨지카 호는 점점 남극 대륙인 그레이엄랜드에 다가가고 있었습니다. 그런데 배가 그레이엄랜드에 가까워지자 갑자기 하늘이 어두워지면서 파도가 거세졌습니다.

배는 성난 파도가 몰아치는 빙산 속으로 들어가 마침내 수많은 빙산의 숲에 둘러싸이게 되었습니다. 움직이는 섬이 되어 버린 빙산은 나뭇잎처럼 작게 느껴지는 벨지카 호를 노리는 듯했습니다. 아문센은 배를 빙산의 그늘로 몰기 위해 애를 썼습니다.

네 시간쯤 지나자 다른 항해사가 교대를 해 주었습니다. 아문센은 지친 몸을 이끌고 선실로 돌아가, 자리에 눕자마자 곯아떨어지고 말았습니다.

다음 날 아침, 지휘실에 가 보니 배는 얼음에 둘러싸여 있었습니다. 교대한 젊은 항해사가 빙산을 피하다가 정신 없이 배를 해안으로 돌렸다는 것이었습니다.

그 때문에 결국 2년이라는 긴 세월을 얼음에 갇혀서 보내는 신세가 되었습니다.

아문센은 쿠크를 비롯한 탐험 대원들과 함께 얼음 벌판 여기저기에 구멍을 뚫고 화약을 넣어 빙산을 폭파했습니다. 그러자 얼음이 깨지고, 감옥과도 같았던 얼음 나라에서 마침내 탈출할 수 있었습니다. 1899년 3월, 아문센은 드디어 그토록 꿈꾸던 선장 자격증을 받게 되었습니다.

남극 탐험에서 돌아온 아문센은 또 다른 계획을 세웠습니다. 바로 북극을 정복하겠다는 계획이었습니다.

지구 자기 연구

아문센은 1년여 동안 끼니를 거르고 잠까지 설쳐 가며 북극 탐험을 준비했습니다. 아문센을 도와주는 사람들도 시간이 지날수록 점점 줄어들었습니다.

결국 아문센은 탐험에 필요한 물건의 값도 치를 수 없을 만큼 어려움에 빠지고 말았습니다. 하지만 탐험대에 자원한 여섯 명의 믿음직한 대원들이 있었기에 그는 포기하지 않았습니다.

'우리는 아무리 어려운 일이 닥치더라도 후회하지 않을

아문센의 배 | 노르웨이와 마주보는 발트 해인 독일 로스토크 연안에 떠 있는 배. 아문센이 타고 탐험을 했던 배를 재현한 것입니다.

것입니다!'

니콜센을 비롯한 대원들의 얼굴에는 이러한 각오가 서려 있었습니다.

1903년 6월 17일 밤, 이외아 호는 전송해 주는 사람도 없이 비 오는 밤에 부두를 떠났습니다.

며칠 후 이외아 호는 그린란드의 서해안 디스코 섬의 코트하펜 항구에서 잠시 쉬었습니다. 탐험대는 이곳에서 썰매 끄는 개 52마리를 사들였습니다.

그들이 닻을 내린 곳은 스코틀랜드 인들의 고래잡이배가 머무는 그린플록 항구였습니다.

북극해에서 힘겨운 고래잡이를 하는 선원들은 아문센의 목숨을 건 탐험에 감동했습니다.

“아무쪼록 성공하길 빌겠소. 신의 보살핌이 이외아 호와

함께하기를!"

그들은 배의 연료와 함께 많은 식량을 무료로 주었습니다. 아문센은 그들의 따스한 인정에 힘이 솟았습니다.

그런데 얼마 후 무서운 북극의 폭풍이 이외아 호를 습격해 왔습니다. 산더미 같은 파도가 배를 집어삼킬 기세로 달려들었습니다. 대원들은 휘몰아치는 파도와 싸우면서 밧줄에 몸을 의지한 채 배의 뒤쪽으로 기어갔습니다. 그들은 있는 힘을 다하여 임시로 만든 키에 매달렸습니다.

거센 폭풍우와 나흘 동안이나 싸운 이외아 호 대원들의 인내는 초인적이었습니다. 피곤에 찌든 대원들은 얼음덩이와 파란 바닷물이 조화를 이루는 바다를 바라보다가 하나둘 깊은 잠에 빠지고 말았습니다.

며칠이 지났습니다. 탐험대는 마침내 아름다운 해안이 있는 킹윌리엄 섬을 발견했습니다. 섬에 오른 대원들은 오래간만에 땅을 밟는 기쁨을 맛보았습니다.

하늘은 언제 폭풍우가 있었느냐는 듯이 한없이 맑았습니

다. 하지만 그 맑고 차가운 바람 속에 이미 겨울의 하늘이 깃들고 있음을 느낄 수 있었습니다.

아문센은 밤낮을 가리지 않고 지구 자기(지구가 가지고 있는 자석의 성질) 연구에만 몰두했습니다. 그리고 이따금 사슴 사냥을 하여 신선한 고기를 많이 저장해 두었습니다.

아문센은 2년 동안 지구의 북쪽 끝인 이 킹윌리엄 섬에서 온갖 고생을 참아 가며 열심히 지구 자기를 조사했습니다.

“음, 이제 이 섬과도 아쉬운 작별을 해야겠군. 어느새 2년이라는 시간이 흘러갔어.”

날씨가 맑은 7월 초순 어느 날, 그는 연구 보고서의 마지막 부분을 마무리하고 나서 이렇게 중얼거렸습니다.

아문센의 땀과 눈물의 결정체인 「지구 자기 보고서」는 세계 최초였습니다. 그때까지 어느 나라에서도 발표되지 않은 귀중한 연구물이었습니다.

유럽의 학술계에서는 이 논문을 정리하는 데에만 무려 20년이라는 긴 시간이 걸렸습니다.

북서 항로 정복

1905년 8월 13일 아침, 이외아 호는 에스키모 인들의 눈물 어린 전송을 받으며 조용히 파도를 헤치고 떠났습니다.

"나아갈 방향은 북서쪽이다. 최대한 빠르게 항해하자!"

이외아 호는 아직 단 한 번도 지나가 본 일 없는 바다를 헤치며 대륙을 향해 나아갔습니다.

하지만 도중에 식량이 떨어지고 말았습니다. 킹윌리엄 섬에서는 오랜 항해 생활을 견딜 만한 식량을 구하기가 매우 어려웠습니다. 킹윌리엄 섬에서 2년 동안 머무느라 배

아문센이 북극 탐험에 사용한 배 | 노르웨이 오슬로의 프람 박물관에 있습니다.

에 저장해 두었던 식량이 거의 바닥이 났던 것입니다.

어느 날, 아문센 일행은 찰스 핸슨 호라는 미국의 고래잡이배를 발견했습니다. 탐험대는 찰스 핸슨 호로부터 며칠 동안 먹을 수 있는 식량을 구할 수 있었습니다.

이외아 호는 찰스 핸슨 호와 헤어져 베링 해협(북극해와 베링 해를 연결하며, 아시아 대륙과 북아메리카 대륙 사이에 있는 해협. 평균 깊이가 30~50미터이고 가장 좁은 곳은 너비가 85킬로미터 정도 된다.)을 목표로 서쪽으로 향했습니다. 그러나 채 일주일도 지나지 않아 바다에 온통 두꺼운 얼음이 얼기 시작하면서 배의 항로를 방해했습니다. 이곳에는 지구의 가장 북쪽 끝에 있는 고래잡이배들의 본부가 있었습니다.

'북서 항로를 정복한 소식을 널리 알려야겠다.'

아문센은 이렇게 생각하고 고래잡이배의 본부를 찾아갔습니다.

고래잡이배의 선장 모그는 아문센 일행이 형편 없는 범선으로 페루 해협과 심프슨 해협을 돌파했다고 말하자 매우 놀랐습니다. 그곳은 지난 400년 동안 많은 탐험가들을 집어삼킨 악마의

바다이기 때문이었습니다.

모그 선장은 거친 여행에 필요한 여러 가지 준비를 도와주었습니다. 사람이 살지 않는 800킬로미터의 험한 설원(눈 덮인 벌판)을 헤쳐 나가야 하니 큰 모험이 아닐 수 없었습니다.

1905년 겨울, 살점을 도려내는 듯한 영하 60도의 지독한 추위가 계속되었습니다. 아문센 일행은 열두 마리의 개가 끄는 썰매를 타고 깊은 눈 속을 헤치며 조금씩 앞으로 나아갔습니다. 개 썰매는 미끄러지듯 유콘 강 위를 달려 목적지 마을에 다가가고 있었습니다. 킹포인트를 출발한 지 꼭 43일째 되는 날이었습니다. 이곳은 지구의 가장 북쪽에 있는 미국 군대의 주둔지로, 사령관은 로란드였습니다. 로란드는 아문센을 뜨겁게 환영해 주었습니다.

아문센은 그의 도움으로 고국 노르웨이에 전보를 보냈습니다.

아문센 마침내 북서 항로를 정복하다!

이 뉴스는 세계 모든 곳에 전해져 모두를 놀라게 했습니다.

한 해가 저물고 새해를 맞은 지 스무 날쯤 지났을 때, 아문센은 대원들이 기다리고 있는 지구의 북쪽 끝 킹포인트를 향해 다시 출발했습니다. 다행히 돌아오는 길에는 큰 어려움이 없었습니다. 3월 하순의 일이었습니다.

7월이 되자 얼음 바다가 조금씩 푸른 물빛으로 바뀌기 시작했습니다. 이외아 호는 또다시 킹포인트를 떠나 바다를 향해 나아갔습니다. 베링 해협을 지나고, 그해 10월에는 무사히 샌프란시스코에 도착할 수 있었습니다.

아문센 탐험 대원들은 전쟁에서 이기고 돌아온 장군처럼 뜨거운 환영을 받았습니다. 아문센은 자신들과 생사를 함께했던 이외아 호를 북서 항로 정복의 기념으로 샌프란시스코 시에 기증했습니다. 이외아 호는 골드게이트 공원에 남아 여러 사람들에게 탐험의 정신을 전하는 기념물이 되었습니다.

빼앗긴 북극을 정복하다

아문센은 북극 탐험의 선배인 난센 박사를 찾아갔습니다. 난센 박사는 열한 살 아래인 아문센을 반갑게 맞아 주었습니다.

“축하해요! 우리나라에 이처럼 훌륭한 탐험가가 탄생하게 되어 정말 기쁩니다.”

“감사합니다. 박사님께서 이전에 탐험에 사용하셨던 프람 호를 제게 주실 수 없을까요? 이번 탐험은 꼭 그 프람 호로 하고 싶습니다.”

난센 박사는 환한 얼굴로 고개를 끄덕였습니다.

"프람 호는 북극해 횡단을 위해 특별히 만들어진 배랍니다. 프람 호가 필요하다면 기쁜 마음으로 내주겠소."

난센 박사는 아문센이 어떠한 탐험을 하려는지 이미 알고 있었습니다. 그는 후원자와 여러 학자들을 소개해 주는 등 여러 가지로 도움을 주었습니다.

아문센의 모습이 새겨진 우표 | 2010년 지부티에서 발행

"대원 중에 비행사도 한 사람 있었으면 좋겠습니다."

"비행선이라는 신식 장비를 생각해 내다니! 확실히 당신은 새로운 시대를 개척해 나갈 탐험가요."

난센 박사는 아문센을 칭찬했습니다.

난센 박사의 도움으로 그의 발걸음은 가벼웠습니다.

이 무렵 미국에서는 피어리 탐험대의 소식이 발표되고 있었습니다. 이미 콜롬비아 항구에 도착한 24명의 피어리 탐험 대원들은 북극 탐험 준비로 바쁘다는 것이었습니다.

아문센은 '최초의 북극 탐험'이라는 영예를 빼앗기게 될까 봐 조바심이 났습니다. 대원들도 출발을 서두르기 위해

부지런히 움직였습니다.

아문센이 정부 관리들과 후원자들이 개최한 송별회에 참석하기 위해 나서려 할 때였습니다. 위스팅 대위가 나타나 언짢은 표정으로 말했습니다.

"피어리 탐험대가 북극을 정복했답니다."

그 순간 아문센은 수십 미터의 낭떠러지에 떨어지는 기분이었습니다. 아문센의 얼굴에 경련이 일었습니다. 하지만 그는 곧 침착을 되찾고 낮은 목소리로 말했습니다.

"북극 정복의 영광을 피어리 씨에게 빼앗겨 아쉽기는 하지만 그를 축하해 줍시다."

위스팅 대위는 아문센의 넓은 마음에 감동했습니다.

세상 사람들은 피어리의 북극 도착으로 모든 북극 탐험은 이제 끝났다고 생각했습니다.

남극 정복

1910년 여름, 아문센은 그를 따르는 대원들과 함께 오슬로의 피오르드 항구를 떠났습니다. 프람 호가 마딜러 섬에 입항하자 아문센은 남극을 탐험하겠다는 발표를 했습니다.

아문센, 남극 탐험에 도전하다!

이 발표는 세상 사람들을 다시 흥분의 도가니로 몰아넣었습니다. 이보다 조금 앞서 영국의 탐험가 로버트 펠컨 스콧이 남극 탐험을 발표했습니다.

'북극은 정복되었으니 이제 남극으로!'

사람들의 관심은 남극 탐험가들에게 쏠렸습니다.

1910년 8월 어느 날, 프람 호는 조용히 마딜러 항구를 떠났습니다. 남극 로스 해를 향한 아문센 탐험대의 항해는 순조로웠습니다.

남극 탐험가 5명의 동상 | 아문센과 함께 최초로 남극에 도착한 5명의 탐험가 모습입니다. (아문센, 비잘랜드, 하셀, 위스팅, 한센)

프람 호는 본부 기지로 삼을 호엘 만으로 입항하여 곧 베리어에 상륙했습니다.

탐험 준비에 바쁜 어느 날, 스콧 탐험 대원들이 아문센의 캠프를 찾아왔습니다.

아문센은 그들을 반갑게 맞이하여 자기들의 여러 장비를 구경시켜 주었습니다.

"얼음 위에서는 개를 이용해야 합니다. 썰매 끄는 개는 얼음 위에서의 생활에 익숙하기 때문에 매우 효과적이지요. 원하신다면 썰매 끄는 개를 드리겠습니다."

"성의는 고맙습니다만, 우리는 우리 계획대로 하겠습니다."

스콧 탐험대는 아문센의 제의를 거절하고 자기들의 캠프로 돌아갔습니다.

이윽고 매서운 눈보라와 함께 겨울이 찾아왔습니다. 하지만 방한 설비를 잘 갖춘 아문센의 탐험대는 캠프 생활에 불편함이 없었습니다.

아문센은 매일 바다표범을 사냥했습니다. 돌아올 때를 대비해 많은 고기를 비축해 두려는 것이었습니다. 고기 저장 창고는 캠프에서 멀리 떨어진 벌판에 만들어 두었습니다.

1911년 11월이 되었습니다. 남극에서는 10월부터 봄이 시작되기 때문에 회색빛 하늘은 조금씩 맑아져 이제 푸른 하늘이 보이기 시작했습니다.

매일 기상을 관측하던 아문센이 어느 날 저녁 대원들에게 말했습니다.

"여러분, 내일 아침 일찍 이곳 캠프를 정리합시다. 필요한 물건은 모두 개 썰매에 싣고, 모레 오전 중에 이곳을 출발합시다."

52마리 개가 끄는 넉 대의 썰매는 출발 명령이 떨어지기만을 기다렸습니다.

남극으로 향하는 아문센의 선발대에는 대장 아문센을 비롯하여 비아랜드, 위스팅 등 다섯 사람이 뽑혔습니다.

개 썰매들이 움직이기 시작하더니 곧 한 줄기의 흐름이 되어 빙하 위를 미끄러져 나갔습니다.

일행은 빠른 속도로 전진하다가 적당한 장소에 다다르면 그곳에 얼음으로 식량 저장고를 만들어 바다표범의 고기를 넣어 두었습니다. 이것은 돌아올 때의 표적도 되고, 또한 끼니를 해결할 식량도 되는 것이었습니다.

어느새 12월이 되었습니다. 이제 남극은 눈에 잡힐 듯 가까워졌습니다. 스콧 탐험대는 아문센 탐험대와는 비교도 안 될 만큼 고생이 심했습니다.

스콧 대장을 비롯한 4명의 대원들은 조랑말을 타고 행진을 계속했습니다. 그러나 조랑말은 모든 점에서 어려움이 따랐습니다. 개만큼 몸이 가볍지 못하고 얼음에 익숙하지 않아 속도가 나지 않았습니다. 아문센이 남극을 향해 마구 달리고 있을 것을 생각하니 스콧 대장은 조바심이 났습니다. 스콧 일행은 남극을 향해 꼬박 78일을 걸었습니다.

앞에 가던 윌슨이 갑자기 말 위에서 무엇인가를 발견하고 소리를 질렀습니다.

"저것을 좀 보십시오! 앞에 무슨 물체가 보입니다."

"음, 이 얼음 벌판에 죽은 나무가 서 있을 리는 없는데……. 가까이 가서 자세히 확인해 보자."

스콧 대장은 쌍안경으로 전방을 살펴보았습니다. 다음 순간, 대원들은 대장이 소리 없이 울고 있다는 걸 알았습

니다. 스콧을 울게 한 것은 바람에 나부끼고 있는 노르웨이 국기였습니다.

스콧 대장은 곧 이성을 되찾고 엄숙한 얼굴로 대원들을 돌아보았습니다.

"전진하자! 저 깃발 옆에 영국의 국기도 세워야 한다. 위

대한 탐험가 아문센의 영광을 축하하기 위해서라도!”

남극점에 도착해 보니 노르웨이 국기 아래 상자 하나가 있었습니다. 상자를 열어 보니 아문센이 남극에 도착했다는 기록과 함께 스콧 대령에게 쓴 편지가 들어 있었습니다. 편지에는 존경하는 스콧 대령을 불행하게도 이곳에서

만나지 못한 것에 대한 아쉬움과 함께 우정에 찬 글이 담겨 있었습니다. 또 깃발 옆에는 뒤에 오게 될 스콧 대령을 위한 조그마한 캠프가 마련되어 있었는데, 캠프 속에는 귀중한 식량까지 남겨져 있었습니다.

3월 19일은 스콧 탐험대의 마지막 캠프 날이었습니다. 스콧 탐험대는 굶주림과 추위에 지쳐 결국 본거지인 에반스 해안으로 돌아오지 못하고 최후를 맞고 말았습니다.

비행선 노르게 호

오슬로에 돌아온 아문센은 피로를 회복할 사이도 없이 다음 계획을 세우기 시작했습니다. 그는 비행선을 구해서 북극을 횡단하고 신비스런 세계의 비밀을 과학적으로 조사하고자 했습니다.

그 무렵, 이탈리아 정부에서 비행선 제1호를 판다는 소문이 들려왔습니다. 아문센은 즉시 이탈리아 정부와 교섭하여 비행선을 사겠다는 계약을 했습니다.

1925년 8월, 아문센 탐험대는 비행선으로 북극을 가로

북극 횡단 비행선 노르게 | 1926년 5월 11일, 노르웨이의 아문센은 이탈리아의 노빌레, 미국의 엘즈워스와 함께 비행선 노르게 호를 타고 북극 횡단을 떠났습니다. 그리고 다음 날인 5월 12일에 북극점에 도착하고, 비행을 계속하여 마침내 북극 횡단 비행에 성공하였습니다.

지르는 비행을 하겠다는 계획을 발표했습니다.

이 발표를 듣자 세상 사람들은 흥분하기 시작했습니다.

마침내 새로 단장한 비행선이 이탈리아 정부로부터 아문센에게 넘겨졌습니다.

"이번 탐험 사업은 노르웨이, 미국, 이탈리아 세 나라의 협력에 의해 이루어진 것입니다."

아문센은 이렇게 말하고 비행선의 이름을 '노르게'라고 지었습니다. 노르게라는 말은 '노르웨이'라는 뜻입니다.

아문센의 노르게 호는 레닌그라드에 도착했습니다.

킹스 만에는 노르게 호를 출발시키기 위한 준비 대원들이 미리 대기하고 있었습니다.

1926년 4월 30일, 아문센 일행은 기선 스칼렌 호를 타고 킹스 만에 도착했습니다.

5월 11일, 아문센과 노빌레 대령, 리저 라르센, 뉴욕타임스의 라암 기자를 비롯하여 8명의 대원들이 노르게 호에 몸을 실었습니다. 노르게 호가 하늘로 떠오르자 전송하는 사람들도, 집도, 거리도 모두 흰 얼

음 벌판 속으로 사라져 갔습니다.

노르게 호는 스피츠베르겐(북극에서 약 1,000킬로미터 떨어진 곳에 있는 노르웨이의 섬)의 서해안을 따라 날았습니다.

태양 나침반을 북극으로 향하고 한참을 날아가자 노르게 호 아래쪽으로 짙은 안개가 꿈틀거리는 것이 보였습니다.

'이러다가 우리가 알지 못하는 사이에 북극을 통과하여 인류가 모르는 신비로운 지대로 가게 되는 것은 아닐까?'

이러한 불안 속에서 노르게 호는 거의 2시간 동안 안개 위를 날고 있었습니다.

얼마 후 짙은 안개가 차츰 흩어지기 시작했습니다.

아문센은 그 사이로 얼음 위를 관찰했습니다. 아직 육지는 보이지 않았습니다. 북극이 더 가까워질수록 안개는 조금씩 사라져 갔습니다.

5월 12일 오전 1시 10분. 조종사인 리저 라르센은 무릎을 꿇고 창문에 붙어 관측을 시작했습니다. 노르게 호는 이미 북극의 주위를 돌고 있었습니다.

"우리는 지금 막 북극 꼭대기에 도착했다!"

리저 라르센이 흥분하여 소리쳤습니다.

'우리는 현재 북극의 머리 위에 떠 있다.'

무전은 역사적인 이 한마디를 전 세계에 알렸습니다.

아문센의 뺨 위로 자꾸만 눈물이 흘러내렸습니다.

대원들은 노르웨이 국기와 미국 국기, 이탈리아 국기가 달린 깃발 막대를 차례로 떨어뜨렸습니다. 얼음 위에 꽂힌 세 나라의 국기가 바람에 펄럭였습니다.

노르게 호는 다시 천천히 위로 올라 세 나라의 국기가 서 있는 북극점의 상공을 세 차례 돌았습니다.

이윽고 노르게 호는 우렁찬 엔진 소리를 내며 북극을 뒤로하고 다시 비행을 시작했습니다.

하지만 잠시 후, 안개는 더욱 짙고 넓게 퍼져 전혀 앞을 볼 수 없게 되었습니다. 아문센은 이 짙은 안개에서 벗어나기 위해 높이를 자주 변경했습니다.

5월 13일 아침이 되자 안개가 조금씩 걷혔습니다. 그리고 오후 7시쯤 되었을 때, 오랫동안 망원경으로 남쪽 지평선을 지켜보던 리저 라르센이 큰 소리로 외쳤습니다.

"육지다! 육지가 보인다!"

라르센이 가리키는 방향을 보니 과연 끝없는 얼음 벌판 저 멀리 눈과 얼음덩이에 덮인 육지 같은 것이 보였습니다.

오후 7시 30분. 아문센 탐험대는 해안 위를 날고 있었습니다. 지구의 반대쪽 킹스 만을 출발하여 46시간 45분 만에 새로운 대륙에 도착할 수 있었습니다. 아문센은 비로소 북극 횡단 여행이 성공하였음을 확신했습니다.

"착륙하라!"

아눈센의 명령이 떨어지자 노르게 호는 서서히 아래로 내려갔습니다. 노르게 호가 착륙한 곳은 알래스카의 테러라는 마을이었습니다. 이곳에서 노움까지는 144킬로미터나 떨어져 있었습니다.

노르게 호는 착륙하자마자 곧 가스를 빼고 비행선을 해체했습니다.

아문센은 대원들이 휴식을 취할 수 있도록 해 주고는 자신은 쉴 틈도 없이 썰매를 타고 노움 마을로 향했습니다. 한시바삐 북극 횡단의 성공을 세상 사람들에게 발표하고 싶어서였습니다.

아문센은 환영 나온 많은 군중에게 둘러싸였습니다.

북극 횡단 비행의 성공 소식은 무전을 통해 전 세계로 전해졌습니다.

세계 곳곳에서 수많은 축하 전문(전보 글)이 노움 전신국으로 홍수처럼 밀려들었습니다. 노르웨이의 하콘 왕과 국회에서도 아문센에게 축하의 전문을 보내왔습니다. 미국 대통령과 이탈리아 황제가 보낸 축하 전보도 날아들었습니다. 아문센과 대원들은 그동안의 고생과 피로도 잊은 채 뿌듯한 행복을 맛보았습니다.

마지막 비행

이탈리아의 노빌레 대령은 아문센과 함께 최초로 북극을 가로지르는 비행을 했습니다. 그러나 그는 그릇된 애국심에 사로잡혀 있었습니다. 노빌레는 가는 곳마다 노르게 호의 성공과 자신의 공로를 뽐냈습니다.

그는 이탈리아 황제와 로마 시장 등으로부터 최고의 훈장을 받고, 이듬해에는 공군 소장으로 진급도 했습니다.

그는 아문센보다 자기가 먼저 북극 비행을 계획했고, 이번의 성공은 자신이 만든 비행선 덕택이며, 자신의 기술과

캐나다 누나부트 준주의 캠브리지베이에 있는 난파선 | 아문센의 두 번째 원정을 위해 건조된 배입니다.

부하 다섯 사람의 솜씨가 이번 성공의 원인이라고 발표했습니다.

그러나 사람들은 그의 말을 믿지 않았습니다. 오슬로에서 묵묵히 학술 연구를 하고 있는 아문센만을 칭찬했습니다. 이것을 기분 나쁘게 생각한 노빌레는 이탈리아의 명예를 걸고 자신이 탐험 대장이 되어, 비행선을 타고 다시 북극으로 가야겠다고 결심했습니다.

1928년 4월 15일, '이탈리아 호'라고 이름을 붙인 비행선을 타고 노빌레 탐험대는 로마를 출발했습니다. 킹스 만에 도착한 이탈리아 호는 5월 20일, 북극을 향해 떠났습니다.

그런데 얼마 후 지상과의 연락이 끊어지고 말았습니다.

곧 수색대가 출동했습니다.

노빌레가 행방불명되었다는 소식은 아문센의 가슴을 쳤습니다.

'그는 나하고 의논도 하지 않고 왜 혼자 떠났을까?'

아문센은 노빌레가 고생하는 모습이 떠올라 잠자코 있을 수 없었습니다.

"내가 나서야겠다. 아무리 위험하더라도 친구의 목숨은 구해야 해!"

아문센은 6월 18일 새벽 4시, 4명의 대원들과 함께 라탐 47호라는 비행선에 몸을 실었습니다. 노빌레를 구조하기 위해 북극의 얼음 벌판을 향해 떠난 것입니다.

그러나 출발한 지 3시간쯤 지나 라탐 호도 소식이 끊어지고 말았습니다.

라탐 호도 행방불명되고 아문센도 돌아오지 않고 있다는 소식은 전 세계를 놀라게 했습니다. 사람들은 자기 일처럼

아문센 | 노르웨이 탐험가 아문센의 모습입니다.

슬퍼했습니다. 노르웨이를 비롯하여 세계 각국에서는 대대적으로 수색대를 출동시켰습니다.

몇 달이 지난 어느 날, 베렌 섬의 동북 해안에서 부서진 비행기 조각이 발견되었습니다. 노르웨이 수색대가 조사해 보니 라탐 호의 파편이었습니다. 뜻하지 않은 기체 고장으로 라탐 호는 바다에 떨어진 것입니다.

아문센이 실종되고 며칠 후, 스웨덴 수색대는 노빌레 탐험대가 스피츠베르겐의 북동쪽 얼음 위를 표류하고 있는 것을 발견하고 구조했습니다.

아문센의 삶

연대	발자취
1872년(0세)	7월 16일, 노르웨이의 오스트폴드의 비치스텐이라는 시골에서 태어나다. 출생 후 크리스차니아(지금의 오슬로)로 이사하다.
1878년(6세)	크리스차니아에서 초등학교 교육을 받다.
1886년(14세)	아버지 젠스가 사망하다.
1887년(15세)	프랭클린의『탐험기』에 감동을 받아 평생 탐험할 것을 맹세하다.
1890년(18세)	오슬로 대학 의과를 중퇴하고 그린란드 횡단 여행을 하다.
1895년(23세)	일등 항해사 자격을 얻다.
1897년(25세)	벨기에의 남극 탐험대에 참가하다.
1899년(27세)	선장 자격증을 받다.
1902년(30세)	이외아 호를 사서 노르웨이 연안의 해양을 탐구하다.
1903년(31세)	6월 17일, 이외아 호로 북극 항로 탐험에 나서다.
1904년(32세)	킹윌리엄 섬에서 겨울을 보내며 지구 자기학 연구에 몰두하다.
1905년(33세)	8월 21일, 페루 해협을 돌파해 킹포인트에서 겨울을 보내다.
1906년(34세)	8월 31일, 알래스카의 노움에 도착해 북극 항로를 개척하다.
1908년(36세)	11월, 프람 호로 북극을 탐험할 계획을 발표하다.
1909년(37세)	피어리가 북극을 정복하자 남극 탐험 계획을 발표하다.
1910년(38세)	8월 9일, 프람 호로 남극 탐험을 시작하다.
1911년(39세)	1월 13일, 호엘 만에 도착해 베리어에 상륙하다. 12월 14일, 남극을 정복하다.
1918년(46세)	6월 25일, 모드 호로 북극 항로 탐험에 나서다.
1920년(48세)	7월 27일, 알래스카의 노움에 도착해 북동 항로를 돌파하다.
1921년(49세)	모드 호가 표류하는 바람에 제르제 카멘 해안에서 겨울을 보내다.
1922년(50세)	1월, 모드 호로 시애틀에 입항하다. 6월 1일, 비행 탐험을 발표하다.
1923년(51세)	5월, 웬라이트 시험 비행을 하다. 북극 탐험에 실패하다.
1924년(52세)	북극 비행 계획을 발표하다.
1925년(53세)	5월, 비행선으로 북극 비행에 나서다. 엔진 고장으로 바다 위에 불시착하여 빙상 생활을 하다가 6월 16일 킹스 만으로 귀환하다. 8월, 북극 횡단 비행 계획을 발표하다.
1926년(54세)	5월 11일, 노르게 호로 킹스 만을 출발하여 5월 12일 오전 1시 30분에 북극점
1928년(56세)	이탈리아 탐험가 움베르토 노빌레가 비행선을 타고 북극 탐험을 갔다가 북극해에서 조난당하자, 비행기로 그를 구하러 수색에 나섰다가 행방불명되었다. 이후 아문센이 탔던 비행기 부품이 발견되었다.

읽으며 생각하며!

1. 아문센은 어린 시절 어떤 책을 읽고 감명을 받아 탐험가가 되기로 결심합니다. 아문센의 앞날에 영향을 준 이 책의 제목은 무엇이며, 누가 쓴 것인가요?

2. 다음 글은 아문센의 탐험에 여러 가지 도움을 준 사람과 아문센의 대화입니다. ( ) 안에 들어갈 사람은 누구일까요?

> (   )는 아문센이 어떠한 탐험을 하려는지 이미 알고 있었습니다. 그는 후원자와 여러 학자들을 소개해 주는 등 여러 가지로 도움을 주었습니다.
>
> "대원 중에 비행사도 한 사람 있었으면 좋겠습니다."
>
> "비행선이라는 신식 장비를 생각해 내다니! 확실히 당신은 새로운 시대를 개척해 나갈 탐험가요."

3. 탐험가 아문센은 북극을 탐험하여 「지구 자기 보고서」를 발표했습니다. 이때 타고 간 배의 이름은 무엇인가요?

4. 다음은 피어리가 북극을 정복한 뒤에 일어난 일입니다. 여러분은 아문센의 행동에 대해 어떻게 생각하나요? 만약 여러분이 아문센이었다면 어떻게 행동했을지 비교하며 써 보세요.

"피어리 탐험대가 북극을 정복했답니다."

그 순간 아문센은 수십 미터의 낭떠러지에 떨어지는 기분이었습니다. 아문센의 얼굴에 경련이 일었습니다.

하지만 그는 곧 침착을 되찾아 낮은 목소리로 말했습니다.

"북극 정복의 영광을 피어리 씨에게 빼앗겨 아쉽기는 하지만 그를 축하해 줍시다."

위스팅 대위는 아문센의 넓은 마음에 감동했습니다.

5. 아문센은 항해술을 배우기 위해 3년 동안 선원으로 일했습니다. 이를 통해 어떤 점을 배울 수 있을까요?

6. 다음 글을 읽고 아문센과 스콧의 태도를 비교하면서, 경쟁을 할 때는 어떻게 행동해야 할지 생각해 보세요.

탐험 준비에 바쁜 어느 날, 스콧 탐험 대원들이 아문센의 캠프를 찾아왔습니다. 아문센은 그들을 반갑게 맞이하여 자기들의 여러 장비를 구경시켜 주었습니다.

"얼음 위에서는 개를 이용해야 합니다. 썰매 끄는 개는 얼음 위에서의 생활에 익숙하기 때문에 매우 효과적이지요. 원하신다면 썰매 끄는 개를 드리겠습니다."

"성의는 고맙습니다만, 우리는 우리 계획대로 하겠습니다."

7. 아문센은 북극으로 떠난 노빌레가 행방불명되자 크게 걱정하며 그를 찾아 나섰다가 목숨을 잃습니다. 자신의 목숨을 바쳐 친구를 구하려 했던 아문센에게 노빌레의 입장에서 편지를 써 보세요.

풀이

1. 존 프랭클린이 쓴 『탐험기』.

2. 난센 박사

3. 이외아 호

4. 예시 : 나라면 아문센처럼 축하해 주자고 말하지는 못했을 것 같다. 분한 마음을 억누르지 못해 주변 사람들에게 화풀이를 했을 것이다. 그런데 아문센은 그런 기분을 억누르고 경쟁자인 피어리를 축하해 주었다. 경쟁자를 존중하는 이런 태도는 우리 모두가 본받아야 할 정말 훌륭한 태도라고 생각한다.

5. 예시 : 자신이 원하는 일을 하기 위해 3년 동안이나 선원으로 일하다니, 정말 끈기가 대단하다고 생각한다. 누구나 꿈을 꾸기는 하지만, 그것을 이루기 위해 끝까지 열심히 노력하는 사람은 많지 않다. 나도 내 꿈을 이루기 위해서는 무엇부터 해야 할지를 생각하여 실천하고, 아문센처럼 꾸준히 노력해야겠다.

6. 예시 : 아문센은 스콧이 경쟁자인데도 도와주려고 했다. 그러나 스콧은 그런 도움을 받고 싶어하지 않았다. 아문센은 경쟁하는 사람끼리도 서로 돕고 용기를 북돋아 주어야 한다고 생각한 것 같다. 그와 반대로 스콧은 어떻게 해서든 경쟁자를 이겨야 한다는 생각만 한 듯하다. 이런 태도는 바람직하지 못하다. 경쟁자는 적이 아니라 나를 더욱 발전시키는 사람이라고 생각해야 한다. 어차피 기록을 세우는 것이나 어떤 일을 성공시키는 것 모두 나의 발전을 위해서이기 때문이다.

7. 예시 : 아문센, 정말 미안하네. 나는 사람들이 자네를 더 칭찬하는 게 싫고 질투가 나서 탐험대를 이끌고 북극으로 갔었지. 그런데 자네는 나를 구하기 위해 목숨까지 바치다니, 뭐라고 할 말이 없네. 정말 어리석은 짓을 한 것 같아 무척 후회스럽다네. 자네의 뜻을 이어받아 내가 자네 대신 탐험을 계속하겠네. 항상 자네가 옆에 있다고 생각하면서 묵묵히 내 할 일을 하겠어. 부디 하늘나라에서 평안하게 쉬기를 바라네.

역사 속에 숨은 위인을 만나 보세요!

광개토 태왕 (374~412)
을지문덕 (?~?)
연개 소문 (?~666)
김유신 (595~673)
대조영 (?~719)
장보고 (?~846)
왕건 (877~943)

강감찬 (948~1031)
최무선 (1328~1395)
황희 (1363~1452)
세종 대왕 (1397~1450)
장영실 (?~?)
신사임당 (1504~1551)
이이 (1536~1584)
허준 (1539~1615)
유성룡 (1542~1607)
한석봉 (1543~160
이순신 (1545~159
오성과 한음 (오성 1556 1618 / 한음 1561 1613)

고조선 건국 (B.C. 2333)
철기 문화 보급 (B.C. 300년경)
고조선 멸망 (B.C. 108)
고구려 불교 전래 (372)
신라 불교 공인 (527)
고구려 살수 대첩 (612)
신라 삼국 통일 (676)
대조영 발해 건국 (698)
장보고 청해진 설치 (828)
견훤 후백제 건국 (900)
궁예 후고구려 건국 (901)
왕건 고려 건국 (918)
귀주 대첩 (1019)
윤관 여진 정벌 (1107)
고려 강화로 도읍 옮김 (1232)
개경 환도, 삼별초 대몽 항쟁 (1270)
문익점 원에서 목화씨 가져옴 (1363)
최무선 화약 만듦 (1377)
조선 건국 (1392)
훈민 정음 창제 (1443)
임진 왜란 (1592~1598)
한산도 대첩 (1592)
허준 동의보 완성 (1610)
병자 호란 (1636)
상평 통보 전국 유통 (1678)

B.C. 선사 시대 및 연맹 왕국 시대	A.D. 삼국 시대	698 남북국 시대	918 고려 시대	1392

2000 500 400 300 100 0 300 500 600 800 900 1000 1100 1200 1300 1400 1500 1600

B.C. 고대 사회	A.D. 375 중세 사회	1400

중국 황하 문명 시작 (B.C. 2500년경)
인도 석가모니 탄생 (B.C. 563년경)
알렉산더 대왕 동방 원정 (B.C. 334)
크리스트교 공인 (313)
게르만 민족 대이동 시작 (375)
로마 제국 동서로 분열 (395)
수나라 중국 통일 (589)
이슬람교 창시 (610)
수 멸망 당나라 건국 (618)
러시아 건국 (862)
거란 건국 (918)
송 태종 중국 통일 (979)
제1차 십자군 원정 (1096)
테무친 몽골 통일 칭기즈 칸이 됨 (1206)
원 제국 성립 (1271)
원 멸망 명 건국 (1368)
잔 다르크 영국군 격파 (1429)
구텐베르크 금속 활자 발명 (1450)
코페르니쿠스 지동설 주장 (1543)
도요토미 히데요시 일본 통일 (1590)
독일 30년 전쟁 (1618)
영국 청교도 혁명 (1642~164
뉴턴 만유 인력의 법칙 발견 (1665)

석가모니 (B.C. 563?~ B.C. 483?)
예수 (B.C. 4?~ A.D. 30)

칭기즈 칸 (1162~1227)

	1700	1800	1850	1860	1870	1880	1890	1900	1910	1920	1930	1940	1950	1970	1980	1990	2000
인물	정약용 (1762~1836) 김정호 (?~?)				주시경 (1876~1914) 김구 (1876~1949) 안창호 (1878~1938) 안중근 (1879~1910)		우장춘 (1898~1959) 방정환 (1899~1931)	유관순 (1902~1920) 윤봉길 (1908~1932)	이중섭 (1916~1956)		백남준 (1932~2006)		이태석 (1962~2010)				
사건	이승훈 천주교 전도 (1784)			최제우 동학 창시 (1860) 김정호 대동여지도 제작 (1861)	강화도 조약 체결 (1876) 지석영 종두법 전래 (1879)	갑신 정변 (1884)	동학 농민 운동, 갑오 개혁 (1894) 대한 제국 성립 (1897)	을사 조약 (1905) 헤이그 특사 파견, 고종 퇴위 (1907)	한일 강제 합방 (1910) 3·1 운동 (1919)	어린이날 제정 (1922)	윤봉길·이봉창 의거 (1932)	8·15 광복 (1945) 대한 민국 정부 수립 (1948)	6·25 전쟁 (1950~1953)	10·26 사태 (1979)	6·29 민주화 선언 (1987) 서울 올림픽 개최 (1988)	북한 김일성 사망 (1994)	의약 분업 실시 (2000)
시대	조선 시대					1876 개화기		1897 대한 제국	1910 일제 강점기				1948 대한민국				
세계	근대 사회							1900 현대 사회									
세계 사건	미국 독립 선언 (1776) 프랑스 대혁명 (1789)	청·영국 아편 전쟁 (1840~1842)		미국 남북 전쟁 (1861~1865)	베를린 회의 (1878)	청·프랑스 전쟁 (1884~1885)	청·일 전쟁 (1894~1895) 헤이그 평화 회의 (1899)	영·일 동맹 (1902) 러·일 전쟁 (1904~1905)	제1차 세계 대전 (1914~1918) 러시아 혁명 (1917)	세계 경제 대공황 시작 (1929)	제2차 세계 대전 (1939~1945)	태평양 전쟁 (1941~1945) 국제 연합 성립 (1945)	소련 세계 최초 인공위성 발사 (1957)	제4차 중동 전쟁 (1973) 소련 아프가니스탄 침공 (1979)	미국 우주 왕복선 콜럼비아호 발사 (1981)	독일 통일 (1990) 유럽 11개국 단일 통화 유로화 채택 (1998)	미국 9·11 테러 (2001)
세계 인물	워싱턴 (1732~1799) 페스탈로치 (1746~1827) 모차르트 (1756~1791) 나폴레옹 (1769~1821)	링컨 (1809~1865) 나이팅게일 (1820~1910) 파브르 (1823~1915) 노벨 (1833~1896) 에디슨 (1847~1931)	가우디 (1852~1926)	라이트 형제 (형, 윌버 1867~1912 / 동생, 오빌 1871~1948) 마리 퀴리 (1867~1934) 간디 (1869~1948)	아문센 (1872~1928) 슈바이처 (1875~1965) 아인슈타인 (1879~1955)	헬렌 켈러 (1880~1968)			테레사 (1910~1997) 만델라 (1918~2013)	마틴 루서 킹 (1929~1968)		스티븐 호킹 (1942~2018)	오프라 윈프리 (1954~) 스티브 잡스 (1955~2011) 빌 게이츠 (1955~)				

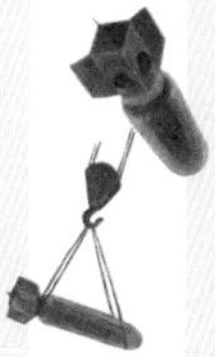

2024년 5월 25일 2판 4쇄 **펴냄**
2014년 2월 25일 2판 1쇄 **펴냄**
2008년 7월 30일 1판 1쇄 **펴냄**

펴낸곳 (주)효리원
펴낸이 윤종근
글쓴이 박상재 · **그린이** 이주록
사진 제공 연합포토
등록 1990년 12월 20일 · **번호** 2-1108
우편 번호 03147
주소 서울시 종로구 삼일대로 457, 406호
전화 02)3675-5222 · **팩스** 02)765-5222

잘못 만들어진 책은 구입하신 서점에서 바꾸어 드립니다.
ISBN 978-89-281-0349-2 64990

이메일 hyoreewon@hyoreewon.com
홈페이지 www.hyoreewon.com